AF239132

KvR

KLEINE VOH-REIHE

DAS EVANGELIUM JESU CHRISTI

—

Paul Washer

Christlicher Verlag
Voice of Hope

1. Auflage 2017
2. Auflage 2018
3. Auflage 2019
4. Auflage 2021
5. Auflage 2023
6. Auflage 2025

Originaltitel: The Gospel of Jesus Christ
© 2016 Reformation Heritage Books

© der deutschen Ausgabe 2017
by Verlag Voice of Hope – VOH®
Eckenhagener Str. 43
51580 Reichshof-Mittelagger
www.voh-shop.de
verlag@voiceofhope.de

Übersetzung: Hermann Grabe
Lektorat: Marianne Magnus, Voice of Hope
Design: Voice of Hope

Bestell-Nr. 875.422
ISBN 978-3-947102-22-8

ISBN 978-3-941456-11-2 – eBook

Soweit nicht anders vermerkt, wurden die Bibelzitate
der Schlachter-Bibel 2000 entnommen.

INHALT

EINLEITUNG

Die zentrale Botschaft des Christentums ist das Evangelium von Jesus Christus. Das Wort »Evangelium« bedeutet »frohe Botschaft«. Christen verkündigen die beste Botschaft aller Zeiten! Ja, diese Botschaft bietet die einzige Lösung für unser höchst bedrückendes Dilemma. Kein Erziehungsprogramm, keine politische Partei, keine Psychotherapie hat ein Rezept für das schwerwiegendste Problem der Menschheit. Obwohl die menschliche Weisheit uns viele zeitliche Wohltaten brachte, hat die Geschichte bewiesen, wie unfähig wir sind, der allem Übel zugrundeliegenden Schuld und der *anhaltenden* Verderbnis, unter denen die Welt seufzt, etwas entgegenzusetzen.

Das Evangelium offenbart uns, dass Gott gekommen ist und für uns den Sieg errungen hat. Es ist genau deshalb eine frohe Botschaft, weil es nicht davon handelt, was wir getan haben oder tun können, sondern davon, was Gott für Sein Volk getan hat und tun will. Das Evangelium erklärt: Gott hat zugunsten einer hoffnungslos verlorenen Welt eingegriffen!

Das Evangelium verkündet die frohe Botschaft vom Kommen Jesu Christi. Vor ungefähr 2000 Jahren, als das Römische Reich in höchster Blüte stand, sandte Gott Seinen Sohn in die Menschheitsgeschichte, um aus jedem Volk Menschen von ihrem Sündenelend zu erretten. Christus wurde durch den Heiligen Geist Gottes in dem Leib einer Jungfrau empfangen und kam als Gott-Mensch, als Jesus von Nazareth, auf diese Welt.

Jesus kam, um die Sünden derer zu tragen, die an Ihn glauben, und um Sein Leben an ihrer Stelle zu opfern. Sein Tod befriedigte die Ansprüche der göttlichen Gerechtigkeit Sündern gegenüber und machte es dem gerechten Gott möglich, ihnen zu vergeben. Seine nach drei Tagen geschehene Auferstehung bestätigte, dass Er Gottes Sohn ist und dass Gott Seinen Tod als vollgültige Bezahlung für die Sünden angenommen hat. Nun kann den glaubenden Menschen restlos vergeben werden; sie können durch den Glauben an die Person und an das Werk Jesu Christi mit Gott versöhnt und Empfänger des ewigen Lebens werden. Durch dieses großartige Werk der Erlösung hat Gott uns offenbart, wer Er ist.

1

DAS WESEN GOTTES

Um das Evangelium verstehen zu können, müssen wir einiges über Gott wissen. Gott ist keine unpersönliche Kraft oder Energie, die uns umgibt; vielmehr ist Er der persönliche Schöpfer und Herr des Weltalls (1.Mo. 1). Die Bibel lehrt uns, dass der einzig wahre Gott als Trinität, als Dreieinigkeit, existiert: als Vater, Sohn und Heiliger Geist (Mt. 3,16-17; 28,19). Das sind drei Personen, die man voneinander unterscheiden kann, und doch bilden sie eine Einheit (Joh. 10,30-33). Sie haben Teil an der gemeinsamen Göttlichkeit und an denselben göttlichen Qualitäten. Und wegen dieser Qualitäten, die den dreieinigen Gott so einzigartig machen, forderte dieser Gott ein Opfer für die Sünden, um Sünder retten zu können. Um die Notwendigkeit des Todes Christi verstehen zu können, müssen wir mehr über das Wesen des dreieinigen Gottes wissen.

Gott ist Liebe

Die Bibel lehrt uns, dass Gott Liebe ist (1.Joh. 4,8) und dass Seine Liebe Ihn dazu bewegte, sich freiwillig und selbstlos für andere und für ihr Wohl hinzugeben. Dabei ist es wichtig, zu verstehen, dass Gottes Liebe viel mehr als eine Haltung, eine Gemütsbewegung oder eine Handlungsweise ist. Vielmehr ist die Liebe ein Wesensmerkmal Gottes – Er Selbst ist Liebe. Gott liebt nicht nur; Er ist Liebe. Er ist das, woraus die Liebe besteht, und alle wahre Liebe geht von Ihm als ihrer letztendlichen Quelle aus. Andere Worte, die mit Gottes Liebe häufig in Verbindung gebracht werden, sind: Wohlwollen, Barmherzigkeit, Gnade und Geduld. Ganz gleich, was wir denken oder auch nur hören – das unerschütterliche Zeugnis der Bibel sagt: Gott ist Liebe!

»Wer nicht liebt, der hat Gott nicht erkannt; denn Gott ist Liebe.« (1.Joh. 4,8)

»Barmherzig und gnädig ist der HERR, geduldig und von großer Güte.« (Ps. 103,8; siehe auch 2.Mo. 34,6; Ps. 86,15; 145,8)

»Darum wartet der HERR, damit Er euch begnadigen kann, und darum ist Er hoch erhaben, damit Er sich über euch erbarmen kann ...« (Jes. 30,18)

»Jede gute Gabe und jedes vollkommene Geschenk kommt von oben herab, von dem Vater der Lichter, bei dem keine Veränderung ist, noch ein Schatten infolge von Wechsel.« (Jak. 1,17)

Gott ist heilig

Die Bibel lehrt uns, dass Gott heilig ist (Jes. 6,3). Das Wort vermittelt uns die Vorstellung von »abgesondert«, »reserviert« und »beiseite gesetzt«. In Bezug auf Gott hat das Wort zwei wichtige Bedeutungen. Erstens zeigt es uns, dass Gott hoch über Seiner gesamten

Schöpfung steht und völlig anders ist als jedes erschaffene Wesen. Ganz gleich, wie großartig es sein mag – alle Wesen im Himmel und auf der Erde bleiben doch nur bloße Geschöpfe. Gott allein ist Gott – abgesondert, transzendent und unvergleichlich. Zweitens bedeutet Gottes Heiligkeit, dass Er hoch über der moralischen Verderbnis Seiner Schöpfung steht und von allem Profanen und Sündigen getrennt ist. Gott kann nicht sündigen. Er hat auch niemals Wohlgefallen an der Sünde und hat keinerlei Gemeinschaft mit ihr.

»Und einer rief dem anderen zu und sprach: Heilig, heilig, heilig ist der HERR der Heerscharen; die ganze Erde ist erfüllt von Seiner Herrlichkeit!« (Jes. 6,3)

»... Gott [ist] Licht ..., und in Ihm [ist] gar keine Finsternis ...« (1.Joh. 1,5)

»Deine Augen sind so rein, dass sie das Böse nicht ansehen können; Du kannst dem Unheil nicht zuschauen ...« (Hab. 1,13)

»Niemand sage, wenn er versucht wird: Ich werde von Gott versucht. Denn Gott kann nicht versucht werden zum Bösen, und Er Selbst versucht auch niemand.« (Jak. 1,13)

»Denn Du bist nicht ein Gott, dem Gesetzlosigkeit gefällt; wer böse ist, darf nicht bei Dir wohnen.« (Ps. 5,5)

Gott ist gerecht

Das Wort »gerecht« spricht von der moralischen Vortrefflichkeit Gottes. Nach der Bibel ist Gott ein absolut gerechtes Wesen, das immer in völliger Übereinstimmung mit dem handelt, was Er ist. Weder in Gottes Wesen noch in Seinen Werken gibt es irgendetwas Falsches oder Fehlerhaftes. Niemals wird Er etwas sein oder tun, was zu einer Anklage gegen Ihn Berechtigung gäbe, Er habe etwas Falsches gemacht. Seine Werke, Anordnungen und Gerichte sind absolut vollkommen.

»Denn der HERR ist gerecht, Er liebt Gerechtigkeit; die Aufrichtigen werden Sein Angesicht schauen.« (Ps. 11,7)

»Er ist der Fels; vollkommen ist Sein Tun; ja, alle Seine Wege sind gerecht. Ein Gott der Treue und ohne Falsch, gerecht und aufrichtig ist Er.« (5.Mo. 32,4)

Die Gerechtigkeit Gottes beschreibt nicht nur Seinen Charakter, sondern ebenso Seine Beziehung zu Seiner Schöpfung, insbesondere zu den Menschen. Gemäß der Bibel offenbarte Gott sich Selbst allen Menschen durch die Schöpfung (Röm. 1,18-20) und durch ihr Gewissen (Röm. 2,14-16). Am deutlichsten hat Er sich durch Sein Wort, die Bibel, offenbart

(Ps. 19,7-11). Er wird jeden Menschen richten nach dem Maß, das ihm offenbart wurde. Es wird ein Tag kommen, an dem Gott jeden nach dem striktesten Maßstab von Recht und Gerechtigkeit beurteilen, bei einem jeden das Gute belohnen und das Böse bestrafen wird, das dieser getan hat.

»Aber der HERR thront auf ewig; Er hat Seinen Thron aufgestellt zum Gericht. Ja, Er wird den Erdkreis richten in Gerechtigkeit und den Völkern das Urteil sprechen, wie es recht ist.« (Ps. 9,8-9)

»Denn Gott wird jedes Werk vor ein Gericht bringen, samt allem Verborgenen, es sei gut oder böse.« (Pred. 12,14)

Es muss uns immer klar sein, dass Gottes Gericht über die Menschheit niemals ungerechtfertigt oder grausam ist, vielmehr die Konsequenz Seines gerechten Charakters.

Darum macht diese Gerechtigkeit einen notwendigen Teil Seiner Regierungsweise aus. Ein Gott, der sich weigern würde, Unrecht zu verurteilen, wäre weder liebevoll, noch gut, noch gerecht. Eine Schöpfung, in der Bosheit nicht bekämpft und gerichtet würde, hätte sich schon sehr bald selbst zerstört.

Kennst du diesen Gott bereits? Es ist eine Sache, über Gott zu reden, aber eine ganz andere, dem Gott der Herrlichkeit in der Bibel zu begegnen. Wo Gott wirklich erkannt wird, wird die gesamte Menschheit zu nichts. Der kleinste Strahl Seiner Heiligkeit demütigt uns und bringt uns dazu, uns Ihm zu unterwerfen. Selbst in unserer ursprünglichen Unverdorbenheit, zu der uns Gott am Anfang erschaffen hatte, waren wir nur Seine Abbilder und Knechte, während Er der Allmächtige war und ist. Aber nun sind wir unendlich tief gesunken, weil wir gegen Ihn gesündigt haben.

2

DAS WESEN
DER MENSCHHEIT

Um das Evangelium zu erfassen und wertzuschätzen, müssen wir nicht nur etwas von dem Wesen Gottes verstehen, sondern auch etwas über uns selbst. Was die Bibel über uns zu sagen hat, ist nicht schmeichelhaft oder angenehm, aber es ist zutreffend.

Die Menschheit ist moralisch verdorben

Bevor der Mensch in Sünde fiel, war sein ursprünglicher Status ehrenhaft; aber jetzt ist unser Zustand verzweifelt schlecht. Die Bibel lehrt uns, dass alle Menschen, obwohl sie gut erschaffen wurden (1.Mo. 1,26.31), dem geistlichen Tod anheimgefallen sind (Eph. 2,1). Wir sind von Natur aus moralisch verdorben, zum Bösen geneigt und Feinde des gerechten Gottes.

»Allein, siehe, das habe ich gefunden, dass Gott den Menschen aufrichtig geschaffen hat; sie aber

suchen viele arglistige Machenschaften.«
(Pred. 7,29)

»Überaus trügerisch ist das Herz und bösartig;
wer kann es ergründen?« (Jer. 17,9)

»Wir sind ja allesamt geworden wie Unreine
und alle unsere Gerechtigkeit wie ein befleck-
tes Kleid. Wir sind alle verwelkt wie die Blät-
ter, und unsere Sünden trugen uns fort wie der
Wind.« (Jes. 64,5)

»... weil nämlich das Trachten des Fleisches
Feindschaft gegen Gott ist; denn es unterwirft
sich dem Gesetz Gottes nicht, und kann es auch
nicht.« (Röm. 8,7)

Die Bibelverse, die du eben gelesen hast, mö-
gen dich ärgern. Doch das Urteil der Bibel
über die Menschheit wird auf jeder Seite der
Menschheitsgeschichte bestätigt. Außerdem
wirst du, wenn du ehrlich vor dir selbst bist,

zugeben müssen, dass sich die Wahrheit dieser Verse auch in deinen eigenen Gedanken, Worten und Taten widerspiegelt. Dauernd brichst du darin das Gesetz der von Gott gegebenen Zehn Gebote (2.Mo. 20,1-17; siehe auch Mt. 5,21-48).

Schuldig und verdammt

Die Bibel lehrt uns, dass die uns innewohnende Verderbnis uns dazu bringt, gegen den gerechten Maßstab eines heiligen, gerechten und liebenden Gottes zu verstoßen. Wir alle sind ausnahmslos Sünder, sowohl unserem Wesen nach als auch durch die von uns begangenen Taten. Wir alle stehen als Schuldige vor Gott und haben nichts zu unserer Entschuldigung vorzubringen.

»… denn alle haben gesündigt und verfehlen die Herrlichkeit, die sie vor Gott haben sollten.« (Röm. 3,23)

»… denn es gibt keinen Menschen, der nicht sündigt …« (1.Kö. 8,46)

»… wie geschrieben steht: ›Es ist keiner gerecht, auch nicht einer; es ist keiner, der verständig ist, der nach Gott fragt. Sie sind alle abgewichen, sie taugen alle zusammen nichts; da ist keiner, der Gutes tut, da ist auch nicht einer! …‹« (Röm. 3,10-12)

»Wir wissen aber, dass das Gesetz alles, was es spricht, zu denen sagt, die unter dem Gesetz sind, damit jeder Mund verstopft werde und alle Welt vor Gott schuldig sei.« (Röm. 3,19)

»Wenn Du, o HERR, Sünden anrechnest, Herr, wer kann bestehen?« (Ps. 130,3)

Prüfe dich selbst! Bist du ein Sünder? Dabei geht es nicht um die Frage, ob du ab und zu Fehler begehst. Auch ist hiermit nicht gemeint, dass du einfach zugeben sollst, dies und jenes falsch gemacht zu haben. Ist dir klar, dass du ein sündiges Herz hast und deshalb ein notorischer Brecher der göttlichen Gesetze bist? Versuche nicht, dich herauszureden. Gib nicht vor, im Grunde ein guter Mensch zu sein. Wenn du das tust, hat Jesus nichts für dich, denn Er kam für Sünder. Wenn du aber betrübt deine Sünde vor Gott erkennst, dann hat Er auf höchst bemerkenswerte Weise dein großes Problem schon gelöst.

KAPITEL

3

DAS GROßE DILEMMA

Es ist tröstlich zu wissen, dass Gott heilig und gerecht ist. Es wäre schrecklich, wenn der allmächtige Herrscher des Universums ein böser Despot wäre. Für den denkenden Menschen ist allerdings auch die absolute Güte Gottes sehr verwirrend. Wenn Gott gut ist – und das ist Er zweifellos –, was soll Er dann mit denen tun, die es nicht sind? Was wird ein guter und rechtschaffener Gott mit menschlichen Wesen tun, die egozentrisch, zum Bösen geneigt und ungehorsam sind? Wenn der Richter der ganzen Erde mit uns auf der Grundlage von Gerechtigkeit handelt, muss Er uns dann nicht alle verdammen?

Diese Fragen führen uns in die größte aller religiösen und philosophischen Schwierigkeiten. Wie kann Gott gerecht sein und trotzdem denen vergeben, die Er gerechterweise verdammen müsste? Wie kann Gott heilig sein und Freundschaft mit solchen schließen, die böse sind? In Sprüche 17,15 heißt es doch: *»Wer den Gottlosen gerecht spricht und wer den Gerechten verurteilt, die sind beide dem HERRN ein Gräuel.«* Wie kann dann der Herr Sünder wie uns rechtfertigen und doch gerecht bleiben (Röm. 3,26)?

KAPITEL

GOTTES ANTWORT AUF UNSER DILEMMA

Wenn Gott gemäß Seiner Gerechtigkeit handelt, muss Er den Sünder verdammen. Wenn Gott den Sünder begnadigt, hat Er die Gerechtigkeit außer Kraft gesetzt. Die Antwort auf dieses größte Dilemma kann einzig im Evangelium gefunden werden.

Der Gerechtigkeit gemäß verurteilte Gott die Menschheit und forderte völlige Genugtuung für unsere Verbrechen Ihm gegenüber. In Seiner Liebe aber nahm Gott Selbst menschliche Gestalt an, trug die Sünden Seines Volkes – nämlich derer, die an Ihn glauben –, erduldete die Strafe, die sie verdient hatten, und starb an ihrer Stelle. Derselbe Gott, dessen Gerechtigkeit Genugtuung wegen ihrer Sünde forderte, verschaffte sich dadurch Genugtuung, dass Er sich Selbst an ihrer Stelle opferte. Das ist es, was das Evangelium zu einer frohen Botschaft macht!

Jesus Christus, der Stellvertreter

Die Bibel sagt uns, dass der Vater aufgrund Seiner Liebe zu den Menschen dazu bewegt wurde, Seinen Sohn als Opfer für die Sünder hinzugeben, und die Liebe des Sohnes zu Seinem Volk bewegte Ihn dazu, sich freiwillig für es zu opfern.

»Denn so [sehr] hat Gott die Welt geliebt, dass Er Seinen eingeborenen Sohn gab, damit jeder, der an Ihn glaubt, nicht verlorengeht, sondern ewiges Leben hat.« (Joh. 3,16)

»… Gott ist Liebe. Darin ist die Liebe Gottes zu uns geoffenbart worden, dass Gott Seinen eingeborenen Sohn in die Welt gesandt hat, damit wir durch Ihn leben sollen. Darin besteht die Liebe – nicht dass wir Gott geliebt haben, sondern dass Er uns geliebt hat und Seinen Sohn gesandt hat als Sühnopfer für unsere Sünden.« (1.Joh. 4,8-10)

Jesus spricht: »*Größere Liebe hat niemand als die, dass einer sein Leben lässt für seine Freunde.*« *(Joh. 15,13)*

Das Kreuz

Am Kreuz brachte sich Jesus Christus, der Sohn Gottes, als Opfer für die Sünden Seines Volkes dar. Die meisten Historiker sehen das Kreuz als das schrecklichste Marterwerkzeug an, das die Menschheit jemals erfunden hat. Diese Grausamkeit dient dazu, zwei wichtige Wahrheiten zu illustrieren.

Erstens zeigt diese Grausamkeit die Größe unseres Hasses Gott gegenüber. Gott liebte die Welt so sehr, dass Er Seinen einzigen Sohn dahingab, und die Welt hasste Gott dermaßen, dass sie Ihn der schlimmsten aller Torturen und dem Tod auslieferte.

Zweitens illustriert dies auch die Größe unserer Sünde in Gottes Augen. Unsere Verbrechen gegen Ihn waren und sind so furchtbar, und die Strafe dafür ist dermaßen schrecklich, dass sie nur mit den unbeschreiblichen Leiden und mit dem Tod des Sohnes Gottes am Kreuz bezahlt werden konnte!

Die körperlichen Leiden Christi und der am Kreuz erlittene Tod waren unbedingt notwendig. Dabei müssen wir aber begreifen, dass Seine Leiden mehr zum Inhalt hatten als nur die Grausamkeit böser Menschen. Am Kreuz erduldete Christus das Gericht Gottes! Gottes Gerechtigkeit forderte Genugtuung für unsere Sünden, denn Sein Zorn war gegen uns entbrannt. Um Gottes Gerechtigkeit zu befriedigen und um Seinen Zorn zu stillen, war es nötig, dass Christus das Gericht ertrug, das wir als Sünder verdient hatten. Er trug also die Sünden, wurde zum Fluch, war von Gott verlassen und ertrug das volle Maß des göttlichen Zornes, und das alles für diejenigen, die an Ihn glauben.

Christus trug die Sünden

Am Kreuz wurden die Sünden Seines Volkes auf Christus geladen. Das heißt: Gott rechnete ihre Sünden Christus zu, und Dieser sah sie als die Seinigen an. Folglich wurde Er vor dem Richterthron Gottes für schuldig erklärt und an Stelle von Sündern als Schuldner behandelt.

»Wir alle gingen in die Irre wie Schafe, jeder wandte sich auf seinen Weg; aber der HERR warf unser aller Schuld auf Ihn.« (Jes. 53,6)

»Denn [Gott] hat [Christus], der von keiner Sünde wusste, für uns zur Sünde gemacht, damit wir in Ihm [zur] Gerechtigkeit Gottes würden.« (2.Kor. 5,21)

Christus erduldete den Fluch

Von Gott verflucht zu sein bedeutet, der Gegenstand Seines Missfallens und der Verdammnis zu werden. Alle Menschen stehen unter dem Fluch, wegen ihrer Sünden. Um den Sünder von diesem Fluch zu befreien, wurde Christus zum Fluch und erlitt das Gericht Gottes an Stelle des Sünders. Er errettete eine unzählige Schar; das bedeutet: Er bezahlte für sie den Preis, den die göttliche Gerechtigkeit forderte. Dadurch wurden alle, die an Ihn glauben, in die Freiheit entlassen.

»Denn alle, die aus Werken des Gesetzes sind, die sind unter dem Fluch; denn es steht geschrieben: ›Verflucht ist jeder, der nicht bleibt in allem, was im Buch des Gesetzes geschrieben steht, um es zu tun‹«. (Gal. 3,10)

»Christus hat uns losgekauft von dem Fluch des Gesetzes, indem Er ein Fluch wurde um unsert-

*willen (denn es steht geschrieben: ›Verflucht ist
jeder, der am Holz hängt‹).« (Gal. 3,13)*

Christus wurde von Gott verlassen

Eines der schrecklichsten Resultate unserer
Sünde ist die Trennung von Gott – der Aus-
schluss aus Seiner segensreichen Gegenwart
und Gemeinschaft.

*»… sondern eure Missetaten trennen euch von
eurem Gott, und eure Sünden verbergen Sein Angesicht vor euch, dass Er nicht hört!« (Jes. 59,2)*

Um Sünder vor der ewigen Trennung von
Gott zu erretten, trug Christus auf Golgatha
ihre Sünde und war dort an ihrer Stelle von
Gott verlassen.

*»Und um die neunte Stunde rief Jesus mit lau-
ter Stimme: Eli, Eli, lama sabachthani, das heißt:
›Mein Gott, Mein Gott, warum hast Du Mich
verlassen?‹« (Mt. 27,46)*

Christus trug den Zorn Gottes

Die Bibel lehrt, dass Gott zornig auf uns Menschen ist wegen unseres unentwegten Sündigens. Das ist allerdings eine unpopuläre Wahrheit. In Psalm 7,12 erklärt David: *»Gott ist ein gerechter Richter und ein Gott, der täglich zürnt.«*

Gottes Zorn ist keine unkontrollierte, irrationale oder selbstsüchtige Gefühlsäußerung, sondern ergibt sich aus Seiner Heiligkeit, Gerechtigkeit und Liebe zu allem, was gut ist. Gott hasst die Sünde und tritt ihr mit schrecklichem und oft vernichtendem Zorn entgegen. Wenn der Mensch ein Gegenstand des göttlichen Zornes geworden ist, dann nur deshalb, weil er sich entschieden hat, Gottes Souveränität herauszufordern, Seinen Willen zu missachten und sich dem Bösen hinzugeben.

Weil alle Menschen Sünde auf sich geladen haben, verdienen sie alle Gottes Zorn. Aus Liebe aber nahm Christus den Kelch des göttlichen Zornes, den wir verdient hatten, und trank ihn bis zum letzten Tropfen, bis alles vollbracht und der Gerechtigkeit Gottes völlige Genüge getan war.

»Denn so sprach der HERR, der Gott Israels, zu mir: Nimm diesen Kelch voll Zornwein aus Meiner Hand und gib ihn allen Völkern zu trinken, zu denen Ich dich sende.« (Jer. 25,15)

»Und Er ging ein wenig weiter, warf sich auf Sein Angesicht, betete und sprach: Mein Vater! Ist es möglich, so gehe dieser Kelch an Mir vorüber; doch nicht wie Ich will, sondern wie Du willst! ... Wiederum ging Er zum zweiten Mal hin, betete und sprach: Mein Vater, wenn dieser Kelch nicht an Mir vorübergehen kann, ohne dass Ich ihn trinke, so geschehe Dein Wille!« (Mt. 26,39.42)

»Fürwahr, Er hat unsere Krankheit getragen und unsere Schmerzen auf sich geladen; wir aber hiel-

ten Ihn für bestraft, von Gott geschlagen und niedergebeugt. Doch Er wurde um unserer Übertretungen willen durchbohrt, wegen unserer Missetaten zerschlagen; die Strafe lag auf Ihm, damit wir Frieden hätten, und durch Seine Wunden sind wir geheilt worden.« (Jes. 53, 4-5)

Christus starb an Stelle von Sündern

Einer der allerdeutlichsten Beweise für das Gericht Gottes über unsere Ungerechtigkeit ist der physische Tod – die Trennung von Seele und Leib. Von Adams Zeit an bis in unsere Gegenwart müssen alle Menschen der nicht zu leugnenden Wahrheit ins Auge blicken, dass sie sterben werden (Röm. 5,12). Die Bibel lehrt uns, dass der Tod ursprünglich kein Teil der Schöpfung war. Vielmehr ist er ein Gericht Gottes über die Menschheit wegen ihrer Sünde. Um Sünder von der Macht des Todes zu erretten, war es nötig, dass Christus an ihrer Stelle starb.

»Denn der Lohn der Sünde ist der Tod.« (Röm. 6,23)

»Und Jesus rief mit lauter Stimme und sprach: Vater, in Deine Hände befehle Ich Meinen Geist! Und als Er das gesagt hatte, verschied Er.« (Lk. 23,46)

*»Denn auch Christus hat **einmal** für Sünden gelitten, der Gerechte für die Ungerechten, damit Er uns zu Gott führte; und Er wurde getötet nach dem Fleisch, aber lebendig gemacht durch den Geist.« (1.Pt. 3,18)*

Christus starb nicht bloß als Märtyrer, sondern als Erretter einer großen Menge von sündigen Menschen. In Seinen letzten Atemzügen erklärte Er: *»Es ist vollbracht!« (Joh. 19,30)*. Damit brachte Er zum Ausdruck, dass durch Sein Leiden und Seinen Tod alles bezahlt war für die Sünden derer, die an Ihn glauben würden.

Glaubst du, dass Christus für Sünder gestorben ist? Wenn nicht – warum widerstehst du dem Wort des Herrn, der doch nicht lügen kann? Wenn du es aber glaubst, dann frage ich dich: Inwieweit hat diese großartige Wahrheit eine Auswirkung auf dich? Bleibst du dem gekreuzigten Herrn gegenüber immer noch gleichgültig? Oder noch schlimmer: Benutzt du das Kreuz Christi als Entschuldigung für ein böses, unmoralisches Leben? Wenn Christi Tod wirklich dein Herz angerührt hat, dann wirst du nicht länger für dich selbst leben können, sondern dich innerlich gedrungen fühlen, für Den zu leben, der für dich gestorben und auferstanden ist.

Sobald Gott dir die Augen für Seine Weisheit und Macht im Geschehen am Kreuz geöffnet hat, wirst du niemals mehr derselbe sein, sondern dem auferstandenen Christus folgen.

Die Auferstehung

Das Zeugnis der Bibel sagt uns, dass Christus für die Sünden Seines Volkes nicht nur starb, sondern dass Er am dritten Tag von den Toten auferstanden ist. Die Auferstehung Jesu Christi ist die Grundlage des Christentums. Wäre Christus nicht auferstanden, so wäre das Evangelium eine Legende und unser Glaube vergeblich (1.Kor. 15,14). Aber weil Christi Auferstehung ein historisches Faktum ist, bestätigt das sowohl alles, was Er zu sein beanspruchte, als auch das, was Er für uns zu tun versprochen hatte.

Die Auferstehung ist der Beweis dafür, dass Jesus der Sohn Gottes ist

In Johannes 2,18-19 forderten die Führer der Juden von Jesus ein Zeichen, das beweisen sollte, dass Er das Recht habe, den Tempel Gottes zu reinigen. Der Herr antwortete: »*Brecht diesen Tempel ab, und in drei*

Tagen will Ich ihn aufrichten!« In Römer 1,4 schreibt der Apostel Paulus, dass Jesus Christus, unser Herr *»erwiesen ist als Sohn Gottes in Kraft nach dem Geist der Heiligkeit durch die Auferstehung von den Toten, (Jesus Christus, unseren Herrn)«.* Das bedeutet nicht, dass Jesus erst durch die Auferstehung der Sohn Gottes geworden sei, sondern dass der Vater durch die Auferstehung bestätigte, dass Jesus der ewige Sohn Gottes ist.

Die Auferstehung ist der Beweis dafür, dass Gott Christi Tod als vollgültige Bezahlung für die Sünden angenommen hat

Paulus sagt uns in Römer 4,25, dass Christus *»um unserer Übertretungen willen dahingegeben und um unserer Rechtfertigung willen auferweckt worden ist«.* Dieser Text bedeutet, dass Gott Jesus Christus auferweckt hat, weil Sein Tod Gottes Gerechtigkeit völlig befriedigte, und dass dadurch den Glaubenden Vergebung und vollkommene Rechtfertigung zuteil wurden.

Die Auferstehung ist der Beweis für
die zukünftige Auferstehung der Gläubigen
In Johannes 11,25 erklärt Jesus: *»Ich bin die Auferstehung und das Leben. Wer an Mich glaubt, wird leben, auch wenn er stirbt.«* Diese Verheißung wäre völlig bedeutungslos, wenn Christus im Grab geblieben wäre. Aber weil Er auferstanden ist, beweist dies, dass Er die Macht über den Tod hat. Es beweist darüber hinaus, dass Er die Macht hat, alle zum Leben aufzuerwecken, die an Ihn glauben. In 1. Korinther 6,14 schreibt der Apostel: *»Gott aber hat den Herrn auferweckt und wird auch uns auferwecken durch Seine Kraft.«*

Die Auferstehung ist der Beweis dafür,
dass die Welt einen Herrn und Richter hat
Die Bibel lehrt uns, dass Christus nicht

nur zum Leben erweckt wurde, sondern dass Gott Ihn auch zum Herrn und Richter über die gesamte Schöpfung erhoben hat. In der ersten Predigt nach der Auferstehung erklärte der Apostel Petrus den Juden: *»So soll nun das ganze Haus Israel mit Gewissheit erkennen, dass Gott Ihn sowohl zum Herrn als auch zum Christus gemacht hat, eben diesen Jesus, den ihr gekreuzigt habt!« (Apg. 2,36).* Und der Apostel Paulus betont ebenfalls diese Wahrheit:

»Darum hat Ihn Gott auch über alle Maßen erhöht und Ihm einen Namen verliehen, der über allen Namen ist, damit in dem Namen Jesu sich alle Knie derer beugen, die im Himmel und auf Erden und unter der Erde sind.« (Phil. 2,9-10)

»Nun hat zwar Gott über die Zeiten der Unwissenheit hinweggesehen, jetzt aber gebietet Er allen Menschen überall, Buße zu tun, weil Er einen Tag festgesetzt hat, an dem Er den Erdkreis in Gerechtigkeit richten wird durch einen Mann,

den Er dazu bestimmt hat und den Er für alle beglaubigte, indem Er Ihn aus den Toten auferweckt hat.« (Apg. 17,30-31)

Die frohe Botschaft von der Auferstehung zeigt, dass das Christentum nicht nur eine Liste von Lebensregeln oder eine Lebens-Philosophie ist. Es ist nicht nur etwas zum Debattieren und etwas, worüber man eine Meinung haben kann. Im Zentrum des Christentums steht eine lebendige Person. Der Herr Jesus spricht heute noch durch Sein Wort, die Bibel, und ist mächtig, Sünder zu erretten. Bist du Ihm schon begegnet? Hat Er dich gerettet – durch das, was Er mit Seinem Tod und Seiner Auferstehung vollbracht hat?

5

CHRISTI VOLLKOMMENHEIT

Direkt vor Seinem Tod erklärte Christus: *»Es ist vollbracht!« (Joh. 19,30).* Diese kurze Aussage war Christi Siegeserklärung. Durch Seinen Tod hatte Er alles erfüllt, was zur Errettung des Sünders nötig war. Die Forderungen der göttlichen Gerechtigkeit waren befriedigt, und Gottes Zorn war gestillt. Gott ist sowohl gerecht als auch derjenige, der böse Menschen rechtfertigt (Röm. 3,26). An dem Kreuz Christi sind *»Gnade und Wahrheit … einander begegnet, Gerechtigkeit und Friede haben sich geküsst« (Ps. 85,11).* Nun können alle Vergebung und Rechtfertigung erlangen durch den Glauben an die Person und das Werk Christi.

»Da wir nun aus Glauben gerechtfertigt sind, so haben wir Frieden mit Gott durch unseren Herrn Jesus Christus … So gibt es jetzt keine Verdammnis mehr für die, welche in Christus Jesus sind,

die nicht gemäß dem Fleisch wandeln, sondern gemäß dem Geist.« (Röm. 5,1; 8,1)

»Jesus spricht zu ihm: Ich bin der Weg und die Wahrheit und das Leben; niemand kommt zum Vater als nur durch Mich!« (Joh. 14,6)

»Und es ist in keinem anderen das Heil; denn es ist kein anderer Name unter dem Himmel den Menschen gegeben, in dem wir gerettet werden sollen!« (Apg. 4,12)

*»Denn es ist **ein** Gott und **ein** Mittler zwischen Gott und den Menschen, der Mensch Christus Jesus.« (1.Tim. 2,5)*

KAPITEL

6

WIE REAGIEREN WIR DARAUF?

Nachdem wir Gottes Werk für eine sündige Menschheit betrachtet haben, stellt sich nun die Frage, wie wir darauf antworten müssen, um den Segen einer so großen Errettung zu erfahren – oder anders ausgedrückt: Was müssen wir tun, um gerettet zu werden? Die Bibel verlangt von allen Menschen zwei Dinge:

1. dass sie wegen ihrer Sünden Buße tun, und
2. dass sie der Person und dem Werk Jesu Christi vertrauen.

Jesus sprach: »*Die Zeit ist erfüllt, und das Reich Gottes ist nahe. Tut Buße und glaubt an das Evangelium!*« (Mk. 1,15)

Der Apostel Paulus versicherte ihnen, dass er »*Juden und Griechen die Buße zu Gott und den Glauben an unseren Herrn Jesus Christus bezeugt habe.*« (Apg. 20,21)

Buße

Buße ist eine göttliche Gabe (Apg. 11,18) und das Werk des Heiligen Geistes im Herzen eines Sünders, das zur Sinnesänderung führt (1.Thess. 1,5.9). Das könnte so lange als etwas Oberflächliches erscheinen, bis wir begreifen, dass mit dem Herzen das Kontrollzentrum unseres Verstandes, unseres Willens und unserer Gefühle gemeint ist. Aus diesem Grund wird sich eine Sinnesänderung immer erst dann als echt erweisen, wenn sich unsere Denkweise und unser Verhalten verändert haben.

Ein wunderbares Beispiel für Buße findet sich im Leben des Saulus von Tarsus, den wir später als den Apostel Paulus kennenlernen. In seiner Unwissenheit und in seinem Unglauben meinte er, Jesus von Nazareth sei nichts weiter als ein Hochstapler und Lästerer, und dass alle, die Ihm folgten, todeswürdige Feinde Gottes seien (Apg. 9,1-2; 1.Tim. 1,13).

Auf seinem Weg nach Damaskus trat ihm dann allerdings der auferstandene Christus in den Weg (Apg. 9,3-8) und offenbarte ihm, wie falsch er über Ihn dachte. Er hatte gemeint, Jesus sei ein Lästerer, und musste nun entdecken, dass Er der Sohn Gottes, der verheißene Messias und der Retter der Welt ist. Er hatte gemeint, Gerechtigkeit werde durch Gehorsam gegenüber dem Gesetz erworben, und er musste jetzt erfahren, dass in ihm nichts Gutes war (Röm. 7,18), und dass die Errettung eine Gabe Gottes ist (Eph. 2,8-9).

Er hatte gemeint, die Jünger Jesu seien Feinde Israels und dürften nicht am Leben bleiben (Apg. 8,1); jetzt hingegen erfuhr er, dass er selbst das wahre Israel verfolgte (Gal. 6,16) und die Söhne und Töchter des lebendigen Gottes umbrachte (Röm. 8,14-15).

Durch seine Begegnung mit Jesus Christus wurde der stolze und selbstgerechte »Pharisäer von Pharisäern« des Irrtums überführt. Er tat Buße und begann sofort, Jesus in den Synagogen zu verkündigen, indem er sagte: »Er ist der verheißene Messias!« (s. Apg. 9,18-22)

Diese Nachricht breitete sich in allen Gemeinden in Judäa aus: *»Der, welcher uns einst verfolgte, verkündigt jetzt als Evangelium den Glauben, den er einst zerstörte!« (Gal. 1,23).*

Veränderung unseres Denkens

Buße hat auch eine Veränderung meines Sinnes zur Folge und bringt ihn zu der Erkenntnis, dass Gott in allem die Wahrheit spricht und dass wir Unrecht haben.

»Denn ich erkenne meine Übertretungen, und meine Sünde ist allezeit vor mir. An Dir allein habe ich gesündigt und getan, was böse ist in Deinen Augen, damit Du recht behältst, wenn Du redest, und rein dastehst, wenn Du richtest.« (Ps. 51,5-6)

»Ich betete aber zu dem HERRN, meinem Gott, und ich bekannte und sprach: Ach, Herr, Du großer und furchtgebietender Gott, der den Bund und die Gnade denen bewahrt, die Ihn lieben und Seine Gebote bewahren! Wir haben gesündigt und haben unrecht getan und gesetzlos gehandelt; wir haben uns aufgelehnt und sind von Deinen Geboten und Deinen Rechtsordnungen abgewichen!« (Dan. 9,4-5)

Veränderung der Gefühlswelt

Eine echte Erkenntnis unserer Sündhaftigkeit und Schuld wird uns auch zu echter Trauer, zu Scham und sogar zum Hass auf das bringen, was aus uns geworden ist und was wir getan haben. Wir fangen an, uns zutiefst zu schämen und Leid zu tragen wegen der Sünde, die wir bis dahin geliebt haben.

»Dort werdet ihr an eure Wege gedenken und an alle eure Taten, mit denen ihr euch verunreinigt habt; und ihr werdet Abscheu über euch selbst

empfinden wegen aller eurer bösen Taten, die ihr begangen habt.« (Hes. 20,43)

»Denn nach meiner Umkehr empfinde ich Reue, und nachdem ich zur Erkenntnis gekommen bin, schlage ich mir auf die Hüfte; ich schäme mich und bin sogar zuschanden geworden; denn ich trage die Schmach meiner Jugend!« (Jer. 31,19)

»Nun freue ich mich – nicht darüber, dass ihr betrübt wurdet, sondern darüber, dass ihr zur Buße betrübt worden seid; denn ihr seid in gottgewollter Weise betrübt worden, sodass ihr von uns keinerlei Schaden genommen habt.« (2.Kor. 7,9)

»Die Opfer, die Gott gefallen, sind ein zerbrochener Geist; ein zerbrochenes und zerschlagenes Herz wirst Du, o Gott, nicht verachten.« (Ps. 51,19)

Änderung unseres Handelns

Allein unsere Behauptung, jetzt anders zu

denken, und dass wir der Sünde gegenüber andere Empfindungen zeigen als zuvor, sind in sich selbst noch keine endgültigen Beweise für echte Buße. Wahre Buße wird immer von einer Veränderung unseres Willens begleitet sein, die richtige Handlungen bewirkt – besonders wenn es darum geht, sich von der Sünde ab- und im Gehorsam zu Gott hinzuwenden.

»So bringt nun Früchte, die der Buße würdig sind!« (Mt. 3,8)

Paulus verkündigte, *»… sie sollten Buße tun und sich zu Gott bekehren, indem sie Werke tun, die der Buße würdig sind.« (Apg. 26,20)*

»Denn sie selbst erzählen von uns, welchen Eingang wir bei euch gefunden haben und wie ihr euch von den Götzen zu Gott bekehrt habt, um dem lebendigen und wahren Gott zu dienen, und um Seinen Sohn aus dem Himmel zu erwarten,

den Er aus den Toten auferweckt hat, Jesus, der uns errettet vor dem zukünftigen Zorn.« (1.Thess. 1,9-10)

Selbstprüfung: Tust du Buße?

Wir haben gelernt, dass wir Buße tun müssen, um errettet zu werden. Die Fragen, die noch beantwortet werden müssen, lauten: Hast du Buße getan? Tust du Buße? Die folgenden erforschenden Fragen werden dir helfen, entscheiden zu können, ob echte Buße in deinem Leben zur Realität geworden ist.

1. Hat sich dein Denken über Gott geändert? Erkennst du, dass Er – anstatt deiner eigenen Person – das Zentrum aller Dinge sein sollte? Beklagst du es, Gott vernachlässigt zu haben? Beginnst du Ihn wertzuschätzen? Sehnst du dich danach, Ihn zu suchen und Ihn zu erkennen?

2. Denkst du jetzt anders über Sünde? Kannst du erkennen, dass die Sünde etwas Unreines ist, und dass man Gott dadurch schrecklich beleidigt? Schämst du dich deiner Sünden, und bist du betrübt über sie? Sehnst du dich danach, von der Verdammnis und der Sklaverei der Sünde befreit zu werden? Bist du fest entschlossen, deine Sünden zu bekennen und Gott um Gnade anzuflehen?

3. Denkst du jetzt anders über den Weg der Errettung? Stimmst du völlig damit überein, dass du nicht aufgrund deiner Verdienste zu Gott umkehren kannst, sondern nur durch die Person und das Werk Christi? Erkennst du, dass auch deine besten Taten nichts als dreckige Lumpen vor Gott sind, und hast du alle Hoffnung aufgegeben, von dir aus vor Gott gerecht zu werden?

Wenn du alle diese Fragen bejahen kannst, und wenn diese Dinge zu immer deutlicheren Realitäten in deinem Leben werden, so ist das ein Zeichen dafür, dass Gott an deinem Herzen gearbeitet hat und noch daran wirkt. Er erleuchtet deinen Geist, dass du die Wahrheit erkennst, und Er schenkt dir die Buße zur Errettung.

Wenn du diese Fragen nicht mit Ja beantworten kannst, aber doch möchtest, dass Gott dich errettet, dann lass nicht nach, Ihn im Gebet und in Seinem Wort zu suchen! Lies immer wieder die Bibelverse, die wir bisher studiert haben, und prüfe dein Leben in deren Licht! Hör nicht auf, zu Gott zu schreien, und suche Ihn in Seinem Wort, bis Er eine Änderung in deinem Herzen bewirkt!

KAPITEL

GLAUBE

Mit der Buße über dein Leben erwächst der rettende Glaube. Dieser Glaube ist mehr als die Gewissheit, dass es einen Gott gibt. Zum wahren Glauben gehören Vertrauen, Zuversicht und dass man sich auf Gottes Charakter und auf die Vertrauenswürdigkeit Seines Wortes verlässt. Die Bibel erklärt: *»Du glaubst, dass es nur **einen** Gott gibt? Du tust wohl daran! Auch die Dämonen glauben es — und zittern!«* (Jak. 2,19). Leute mit echtem Glauben halten es nicht nur für wahr, dass es einen Gott gibt, sondern sie vertrauen auf das, was Er gesagt hat, und verlassen sich darauf.

Definition des Glaubens

Die Bibel definiert den Glauben so: *»Es ist aber der Glaube eine feste Zuversicht auf das, was man hofft, eine Überzeugung von Tatsachen, die man nicht sieht«* (Hebr. 11,1). Das führt uns zu einer sehr interessanten Frage: Wie kann eine vernünftige Person sich sicher sein, dass das, was sie hofft, tatsächlich eintritt, und wie kann sie von etwas überzeugt sein, was sie niemals wirklich gesehen hat?

Die Antwort auf diese Frage wird im Wesen Gottes, in der Vertrauenswürdigkeit der Bibel und in dem Dienst des Heiligen Geistes gefunden. Wir können der Vergebung der Sünden, der Versöhnung mit Gott und der Erwartung des ewigen Lebens versichert werden, weil Gott diese Dinge in der Bibel versprochen hat (Tit. 1,2-3), und der Heilige Geist bestätigt deren Glaubwürdigkeit in unseren Herzen (Joh. 16,13; Röm. 8,14-16; Gal. 4,6; 1.Joh. 2,20.27).

Glaube allein!

Rettender Glaube besteht vor allem aus dem Vertrauen, dass Christus unser Retter und unsere einzige Gerechtigkeit vor Gott ist.

Einer der stärksten Beweise für eine echte Buße besteht darin, dass wir uns nicht nur von der Sünde abkehren, sondern genauso von dem Vertrauen auf unsere eigenen Tugenden, Verdienste oder Werke, um vor Gott bestehen zu können. Wir haben begriffen, dass unsere eigene vermeintliche Gerechtigkeit und unsere guten Taten nichts als dreckige Lumpen sind (Jes. 64,5), die wir als Mittel zur Errettung ganz und gar verwerfen. Wir wissen, dass unsere Versöhnung mit Gott nie das Ergebnis unserer Werke vor Ihm sein kann, sondern nur das Ergebnis des großen Werkes Jesu Christi, das Er für uns vollbracht hat. Wir stimmen aus vollem Herzen mit folgenden Bibelversen überein:

»... weil wir erkannt haben, dass der Mensch nicht aus Werken des Gesetzes gerechtfertigt wird, sondern durch den Glauben an Jesus Christus, so sind auch wir an Christus Jesus gläubig geworden, damit wir aus dem Glauben an Christus gerechtfertigt würden und nicht aus Werken des Gesetzes, weil aus Werken des Gesetzes kein Fleisch gerechtfertigt wird.« (Gal. 2,16)

»Wer aber Werke verrichtet, dem wird der Lohn nicht aufgrund von Gnade angerechnet, sondern aufgrund der Verpflichtung; wer dagegen keine Werke verrichtet, sondern an Den glaubt, der den Gottlosen rechtfertigt, dem wird sein Glaube als Gerechtigkeit angerechnet.« (Röm. 4,4-5)

»Denn aus Gnade seid ihr errettet durch den Glauben, und das nicht aus euch – Gottes Gabe ist es; nicht aus Werken, damit niemand sich rühme.« (Eph. 2,8-9)

Vorbilder für den Glauben

Mit dem Leben Abrahams liefert uns die Bibel ein wunderbares Bild echten Glaubens. Als Abraham und seine Frau Sarah weit über das Alter hinaus waren, Kinder bekommen zu können, versprach Gott dem Abraham einen Sohn. Als seine Reaktion auf diese Verheißung teilt uns die Bibel mit, dass Abraham *»völlig überzeugt war, dass Er [Gott] das, was Er verheißen hat, auch zu tun vermag«* (Röm. 4,21). *»Abraham aber glaubte Gott, und das wurde ihm als Gerechtigkeit angerechnet«* (Röm. 4,3).

Im Blick auf das Evangelium gehört zu einem echten Glauben, dass wir an allem festhalten, was Gott offenbart hat – über sich Selbst, über uns und über Sein Werk der Errettung, und zwar durch das Leben, den Tod und die Auferstehung Jesu Christi. Glauben heißt, völlig davon überzeugt zu sein, dass Gott alles, was Er durch Jesus Christus zu tun verheißen hat, auch wirklich bereit und in der Lage ist, auszuführen. Die folgenden Bibelverse repräsentieren eine schöne Auswahl dessen, was Gott uns verheißen hat:

»Denn so [sehr] hat Gott die Welt geliebt, dass Er Seinen eingeborenen Sohn gab, damit jeder, der an Ihn glaubt, nicht verlorengeht, sondern ewiges Leben hat.« (Joh. 3,16)

»Allen aber, die Ihn aufnahmen, denen gab Er das Anrecht, Kinder Gottes zu werden, denen, die an Seinen Namen glauben.« (Joh. 1,12)

»Wahrlich, wahrlich, Ich [Jesus[sage euch: Wer Mein Wort hört und Dem glaubt, der Mich gesandt hat, der hat ewiges Leben und kommt nicht ins Gericht, sondern er ist vom Tod zum Leben hindurchgedrungen.« (Joh. 5,24)

Selbstprüfung: Bist du gläubig?

Wir müssen an Jesus glauben, um errettet zu werden. Die jetzt noch zu stellenden Fragen sind sehr persönlich: Hast du den Glauben angenommen? Glaubst und vertraust du der Person und dem Werk Jesu Christi, und verlässt du dich völlig darauf? Die folgenden tiefschürfenden Fragen werden dir helfen, festzustellen, ob echter Glaube eine Realität in deinem Leben geworden ist:

1. Bist du davon überzeugt, dass Errettung in keinem anderen Namen zu finden ist, als in dem Namen Jesu Christi? Bist du davon überzeugt, dass die Behauptungen und Forderungen aller anderen sogenannten Propheten und Heilsbringer allesamt falsch sind? Setzt du deine ewige Errettung auf die Macht und Treue nur einer einzigen Person – auf Jesus Christus?

2. Bist du davon überzeugt, dass die Errettung nicht das Ergebnis deiner eigenen Tugenden und Verdienste ist? Bist du davon überzeugt, dass selbst deine besten Werke nichts als dreckige Lumpen vor Gott sind? Bist du davon überzeugt,

dass die Errettung durch Werke ein absolut hoffnungsloses Unterfangen ist?

3. Ruht dein volles Vertrauen einzig auf dem Sohn Gottes, dass Er dich von deinen Sünden retten kann? Verlässt du dich allein auf Ihn, dass Er dich die Wahrheit der Bibel lehren und deine Sünden durch Sein Blut tilgen kann, und dass nur Er dein Herz durch Seinen Geist verändern kann?

Wenn du diese Fragen bejahen kannst, so ist das ein Zeichen dafür, dass Gott an deinem Herzen gearbeitet hat und es noch immer tut, indem Er deinen Geist erleuchtet, um die Wahrheit zu erkennen, und dass du den rettenden Glauben hast.

Wenn du diesen Fragen nicht zustimmen kannst, aber doch errettet werden möchtest, dann bleibe daran, Gott weiter in Seinem

Wort, der Bibel, und im Gebet zu suchen! Sage dir die bisher angeführten Bibelstellen immer wieder auf und überdenke dein Leben in deren Licht! Höre nicht auf, zu Gott zu schreien, Er möge deinen Unglauben überwinden und dich retten! Die Bibel verheißt: »*Jeder, der den Namen des Herrn anruft, wird gerettet werden*« *(Röm. 10,13)*. Suche Ihn weiterhin in Seinem Wort, bis der Heilige Geist dir die Zusicherung gibt, dass du ein Kind Gottes bist!

»Der Geist Selbst gibt Zeugnis zusammen mit unserem Geist, dass wir Gottes Kinder sind.«
(Röm. 8,16)

»Weil ihr nun Söhne seid, hat Gott den Geist Seines Sohnes in eure Herzen gesandt, der ruft: Abba, Vater!« *(Gal. 4,6)*

KAPITEL

8

DIE SICHERHEIT
DER ERRETTUNG

Jesus warnte, dass nicht alle, die sich für Christen halten – und nicht einmal alle, die Ihn als Herrn bekennen –, ins Reich der Himmel eingehen werden (Mt. 7,21). Am Tag des Gerichts werden viele entsetzt merken, dass sie sich selbst betrogen haben und dass Christus sie nie persönlich gekannt hat (Mt. 7,23). Diese entsetzliche Tatsache führt uns zu einer sehr wichtigen Frage: Wie können wir wissen, dass wir wirklich glauben und ewiges Leben haben?

Wahre Jünger Jesu Christi werden an ihren Früchten erkannt (Mt. 7,16-19). Mit anderen Worten: Es gibt sichtbare Beweise für echten Glauben. Die Errettung ist nicht das Ergebnis von Werken; aber Werke beweisen die Errettung. Jakobus schreibt: »*Beweise mir doch deinen Glauben aus deinen Werken, und ich werde dir aus meinen Werken meinen Glauben beweisen! … also ist auch der Glaube ohne die Werke tot*« (*Jak. 2,18.26*).

Die Errettung ist das Ergebnis eines übernatürlichen Neuschöpfungswerkes Gottes durch den Heiligen Geist im Herzen eines Menschen. Aus diesem Grund schreibt der Apostel: *»Darum: Ist jemand in Christus, so ist er eine neue Schöpfung; das Alte ist vergangen; siehe, es ist alles neu geworden!«* (2.Kor. 5,17). Wenn wir wirklich an Christus glauben, dann sind wir tatsächlich neue Geschöpfe mit neuen Wünschen, die uns dazu bringen, Gott besser kennen und Ihm gefallen zu wollen. Deshalb werden wir anfangen, ein Leben zu führen, das in zunehmendem Maße Gottes Rettungswerk in uns widerspiegelt.

Das bedeutet nicht, Errettung komme durch Glauben und Werke, oder dass wir uns durch Werke im Zustand der Errettung erhalten müssten. Es bedeutet nur, dass die neue Geburt (Joh. 3,3.5) und die fortgesetzte Arbeit Gottes in unserem Leben (Eph. 2,10; Phil. 1,6; 2,13) sicherstellen, dass wir die Beweise unserer Gotteskindschaft immer besser widerspiegeln. Als Christen werden wir harte Kämpfe mit der Sünde haben, und wir können sogar zeitweise in schlimme Sünden fallen. Wenn wir aber wirklich wiedergeboren sind, werden wir nicht in einem solchen Zustand bleiben können, sondern wir werden Buße tun und weiter zur Gleichförmigkeit Christi hinwachsen. *»… weil ich davon überzeugt bin, dass der, welcher in euch ein gutes Werk angefangen hat, es auch vollenden wird bis auf den Tag Jesu Christi«* (Phil. 1,6).

Beweise für die Bekehrung

Die Bibel lehrt uns, dass sich die Christen selbst prüfen sollen, ob sie im Glauben stehen (2.Kor. 13,5). Damit wir diese Prüfung akkurat durchführen können, benötigen wir allerdings die richtige Messlatte. Es ist nicht klug, wenn wir uns an unseren eigenen Maßstäben prüfen oder an denen anderer Leute. Das Wort Gottes ist die einzig richtige

Messlatte, um die Echtheit unseres Glaubens zu beurteilen, wenn wir unserer Errettung sicherer werden möchten. In der Bibel gibt es ein Buch, das in besonderer Weise zu diesem Zweck geschrieben wurde: der erste Johannesbrief. Johannes schreibt: »*Dies habe ich euch geschrieben, die ihr glaubt an den Namen des Sohnes Gottes, damit ihr wisst, dass ihr ewiges Leben habt, und damit ihr [auch weiterhin] an den Namen des Sohnes Gottes glaubt*« (1.Joh. 5,13).

Der erste Johannesbrief stellt mehrere Wesensmerkmale vor, die zumindest ansatzweise im Leben jedes wahren Christen zu finden sind. In dem Maße, in dem diese Wesensmerkmale in unserem Leben erkennbar sind, haben wir auch die Gewissheit, wirklich Christus erkannt zu haben und durch Seine Kraft verändert worden zu sein. Diese Merkmale einer echten Bekehrung werden in den folgenden Aussagen zusammengefasst. Wir täten gut daran, uns selbst anhand dieser Merkmale sorgfältig und unter Gebet zu prüfen.

1. Christen wandeln im Licht (1.Joh. 1,5-7). Das Wesen und das Verhalten eines Christen werden fortschreitend und von Stufe zu Stufe dem Willen Gottes angeglichen, wie Er ihn uns in der Bibel offenbart hat.

2. Christen sind sensibel für Sünden in ihrem Leben und bekennen sie (1.Joh. 1,8-10). Christen sind nicht immun gegen die Sünde, aber sie verabscheuen sie und kämpfen gegen sie. Ihr Leben ist von Buße, Bekenntnis und zunehmendem Sieg über die Sünde gekennzeichnet.

3. Christen halten Gottes Gebote (1.Joh. 2,3-4). Christen praktizieren Gerechtigkeit (1.Joh. 2,29; 3,7.10) und verharren nicht in Sünde; ihr Lebensstil ist nicht

von ihr geprägt (1.Joh. 3,4.6.8-9). Das Leben der Christen ist stattdessen gekennzeichnet von Übereinstimmung mit dem Willen Gottes und von Bekenntnis und Buße in dem Fall, wo sie von den göttlichen Maßstäben abgewichen sind. Das heißt nicht, Christen wären zu vollkommenem Gehorsam gegen Gottes Befehle fähig. Es bedeutet aber, dass die Weise ihrer Lebensführung eine stets neue und immer zunehmende Anerkennung der göttlichen Befehle widerspiegelt, zusammen mit einer im Gehorsam wachsenden Übereinstimmung mit ihnen.

4. Christen möchten so wandeln, wie Jesus es getan hat (1.Joh. 2,6). Das große Anliegen wahrer Jünger ist es, ihrem Meister zu gleichen (Mt. 10,25). Sie möchten in allen Dingen so handeln wie Er (1.Kor. 11,1; Eph. 5,1). Demzufolge haben Christen ein zunehmendes Desin-

teresse daran, dieser gefallenen Welt gleichförmig zu werden und deren Beifall zu gewinnen.

5. Christen lieben andere Christen, suchen ihre Gemeinschaft und dienen ihnen mit praktischer Arbeit (1.Joh. 2,9-11). Das ist einer der stärksten Beweise für die Errettung (Mt. 25,34-40; 1.Joh. 3,14-18).

6. Christen wachsen in ihrer Verabscheuung und Verwerfung der Welt (1.Joh. 2,15-17). Mit der »Welt« sind die Vorstellungen, Verhaltensweisen und Taten dieses gegenwärtigen, gefallenen Zeitalters gemeint, die im Widerspruch zu dem Wesen und dem Willen Gottes stehen und dagegen ankämpfen.

7. Christen halten fest an der Lehre und der Ausübung des Glaubens, die beide ein für alle Mal durch Christus und

Seine Apostel der Gemeinde übergeben wurden (1.Joh. 2,19-24; Jud. 3). Christen sind von Gott Selbst gelehrt (Jer. 31,34; Joh. 6,45) und werden nicht von jedem Wind falscher Lehre hin- und hergeworfen (Eph. 4,14).

8. Christen reinigen sich selbst (1.Joh. 3,3). Sie bemühen sich, in der Heiligung zu wachsen, die sich in moralischer Reinheit äußert (2.Kor. 7,1; 1.Tim. 4,7: 1.Pt. 1,15-16). Dazu gehört nicht nur eine Trennung vom Bösen, sondern ebenso ein Festhalten an Gott und an dem, was gut ist.

9. Christen glauben und bekennen, dass Jesus der Christus ist, der Sohn Gottes und der Retter der Welt (1.Joh. 2,22-23; 4,2.13-15). Die große und einzige Hoffnung des Heils liegt in der Person und in dem Werk Christi. Sie glauben dem Zeugnis

von dem ewigen Leben, das Gott ihnen durch Seinen Sohn Jesus Christus gegeben hat (1.Joh. 5,10-12).

10. Christen unterwerfen sich der liebenden und väterlichen Erziehung Gottes (Hebr. 12,5-11). Gott wird Seinen Kindern nicht erlauben, in Unmündigkeit und Ungehorsam zu verharren, sondern wird sie erziehen, damit sie Seiner Heiligkeit teilhaftig werden und Früchte der Gerechtigkeit tragen. Das ist eines der ganz großen Kennzeichen wahrer Bekehrung.

Die Wohltaten der Errettung

Obwohl wir in einem kleinen Heft nicht damit fortfahren können, alle Wohltaten der Errettung der Reihe nach aufzuzählen, ist es doch hilfreich, einige davon anzumerken.

Erstens ist ein Christ von Neuem geboren. Die Bibel lehrt, dass alle Menschen als geistlich Tote geboren werden und unwillig sind, Gott in Liebe und Gehorsam zu folgen (Röm. 8,7; Eph. 2,5). Doch alle, die an Christus glauben, wurden wiedergeboren (Tit. 3,5), d. h. sie wurden geistlich lebendig gemacht (Röm. 6,4). Der Gläubige ist eine neue Kreatur mit einem neuen Herzen, das Freude an Gott hat und Freude daran, Ihm wohlzugefallen (Hes. 36,26-27; 2.Kor. 5,17; 1.Joh. 5,3). Dies ist die wahre Bedeutung des Ausdrucks, »wiedergeboren« oder »von Neuem geboren« zu sein (Joh. 3,3). Wir haben nicht nur eine andere Gesinnung bekommen – Gott hat unser ganzes Wesen verändert!

Zweitens sind die Christen vor Gott gerechtfertigt (Röm. 5,1). Das bedeutet nicht nur, dass uns alle früheren, gegenwärtigen und zukünftigen Sünden vergeben wurden, sondern dass uns das völlig gerechte Leben Christi angerechnet wurde. Obwohl wir immer noch mit der Sünde und mit vielfältigen Fehlern zu kämpfen haben, hat Gott uns offiziell vor Ihm gerecht gesprochen, und Er behandelt uns auch dementsprechend (Röm. 8,33-34; 2.Kor. 5,21).

Drittens sind Christen von Gott als Seine Kinder angenommen. Gott ist der Schöpfer, Herrscher und Richter über alle Menschen. Uns gegenüber ist Er aber auch unser Vater (Gal. 4,5; Eph. 1,5). Durch den Glauben an Christus wurden wir in Gottes Familie aufgenommen und erfreuen uns der Privilegien der Sohnschaft (Joh. 1,12). Obwohl es zu wunderbar erscheint, um wahr zu sein, liebt Gott uns so, wie Er Seinen eigenen Sohn liebt (Joh. 17,23), und gibt uns Seinen Geist als Unterpfand für unser zukünftiges Erbe (Röm. 8,15; Eph. 1,13-14).

Viertens wohnt der Geist Gottes in dem Christen. Wir wandern nicht allein durch diese Welt; Christus hat uns den Heiligen Geist gesandt, damit Er in uns wohne (Joh. 14,16-17). Der Heilige Geist zeugt von Christus. Er lehrt, führt, hilft, überzeugt uns und dient als Unterpfand für die Fülle Gottes, die den Gläubigen im Himmel erwartet (Joh. 14,16; 15,26; 16,7-8; Röm. 8,14; 2.Kor. 1,22; 5,5; Eph. 1,14; 1.Joh. 2,27). Durch den Heiligen Geist bleibt Christus unser »Immanuel«, was bedeutet: »Gott mit uns« (Jes. 7,14; Mt. 1,23).

Fünftens ist dem Christen ewiges Leben geschenkt worden. Es ist wichtig für uns, zu verstehen, dass unser ewiges Leben begann, als wir an Jesus Christus zu glauben anfingen (Joh. 5,24). Ewiges Leben bedeutet mehr als die Quantität des Lebens (ein Leben ohne Ende); es geht auch um die Qualität dieses Lebens (Leben in Gemeinschaft mit Gott).

Jesus sagt: »*Das ist aber das ewige Leben, dass sie Dich, den allein wahren Gott, und den Du gesandt hast, Jesus Christus, erkennen*« (Joh. 17,3).

Sechstens ist der Christ Gottes Werk; Er arbeitet an uns. Einer der stärksten Beweise, dass Gott uns gerechtfertigt hat, liegt darin, dass Er nicht aufhört, uns zu heiligen. Das heißt, Er arbeitet an unserem Leben, um uns heiliger zu machen. Die Bibel lehrt, dass Gott in unserem Leben alles so lenkt – auch Seine Erziehungsmaßnahmen –, dass wir dem Bild Christi ähnlicher werden und die guten Werke vollbringen, die Er zuvor bereitet hat, damit wir in ihnen wandeln sollen (Röm. 8,28-29; Eph. 2,10; Hebr. 12,5-11). Welch ein Vorrecht ist es, zu wissen, dass Gott ohne Unterlass an unserer Umgestaltung arbeitet! Er, »*welcher in euch ein gutes Werk angefangen hat, [wird] es auch vollenden ... bis auf den Tag Jesu Christi*« (Phil. 1,6).

Schließlich werden die Christen verherrlicht. Unsere großartige und gewisse Hoffnung besteht darin, dass wir einst, wenn Christus wiederkommt, von den Toten auferstehen und verherrlicht werden, weil Christus von den Toten auferstanden ist (Röm. 8,11.17.29-30). Unsere sterblichen Leiber werden umgewandelt werden zur Gleichförmigkeit mit Christi verherrlichtem Leib und werden nicht mehr der Sünde, dem Tod und der Verwesung verfallen sein (1.Kor. 15,53-54; Phil. 3,20-21; 1.Thess. 4,16-17). Wir werden für immer bei dem Herrn in einem neuen Himmel und auf einer neuen Erde sein, in denen Gerechtigkeit wohnen wird (Joh. 14,2; 1.Thess. 4,17; 2.Pt. 3,13; Off. 21,1-4.22-27).

9

WIE SOLLEN WIR DAHER LEBEN?

Die Bibel ruft uns als Christen dazu auf, in einer Weise zu leben, die unserer Berufung würdig ist (Eph. 4,1). Dabei sollen wir dem Bild Christi immer gleichförmiger werden (Röm. 8,29) und in den guten Werken wandeln, die Gott zuvor für uns bereitet hat (Eph. 2,10). Als Antwort auf die Gnadenerweise Gottes sollten wir unsere Leiber als lebendige Schlachtopfer darbringen; das heißt, sie sollen heilig und Gott wohlgefällig sein (Röm. 12,1-2). Die folgenden praktischen Leitlinien sind der Bibel entnommen, um uns in dieser überaus wichtigen Frage zu Hilfe zu kommen.

Studiere die Bibel

Wir müssen in der Erkenntnis Gottes wachsen. Dazu gehört das Wissen um alles, was Er in Christus für uns getan hat, und die Erkenntnis Seines Willens für unser Leben.

Unser Glaube muss gestärkt, unser Herz zum Gehorsam ermutigt und unser ganzes Sein in Gottes Bild umgestaltet werden. Das kann nur dadurch erreicht werden, dass wir die Bibel lesen, sie studieren, aus ihr lernen und ihr gehorchen. Die Bibel ist von Gott inspiriert worden und *»nützlich zur Belehrung, zur Überführung, zur Zurechtweisung, zur Erziehung in der Gerechtigkeit«* (2.Tim. 3,15-17). Aus diesem Grund müssen wir fleißig sein, ihre Wahrheiten kennenzulernen und diese auf unser Leben anzuwenden (2.Tim. 2,15). Jesus sagt: *»Der Mensch lebt nicht vom Brot allein, sondern von einem jeden Wort, das aus dem Mund Gottes hervorgeht!«* (Mt. 4,4).

Nimm dir viel Zeit zum Gebet

Gott spricht zu uns durch die Bibel, und wir sprechen mit Gott durch das Gebet. Wir können nichts aus uns selbst tun (Joh. 15,4-5); aber wir werden fruchtbar, wenn wir uns auf Christi Kraft verlassen und unsere Bedürfnisse Ihm im Gebet kundtun (Joh. 15,7-8). Die Bibel ist überreich an Belehrung über die Notwendigkeit des Betens, über die Wohltaten des Gebets und den verheißenen Segen für alle, die beten (Mt. 7,7-11; Lk. 11,1-13; Jak. 4,2). Aus diesem und anderen Gründen sollten wir uns dem Gebet widmen und nie den Mut sinken lassen (Lk. 18,1; Kol. 4,2).

Gebet ist Vereinigung und Gespräch mit Gott. Dazu gehören Anbetung, Lob, Dank und die Bitte, dass Gottes Wille in unserem Leben geschehen möge und auch in unseren Familien, in den Gemeinden und in der ganzen Welt; weiterhin auch die Bitte, Gott möge unseren Bedürfnissen Seiner Weisheit gemäß begegnen. Aber es gehören auch Sündenbekenntnisse dazu und die Bitte um geistliche Kraft zum Überwinden. Einer der besten Wege, das Beten zu lernen, ist der, die Gebete in der Bibel zu studieren. Zwei der hilfreichsten Gebete findet man in Matthäus 6,9-13 und in Daniel 9,3-19.

Das öffentliche Einsmachen mit Christus durch die Taufe

Wir sind allein durch den Glauben gerettet; aber Christus gebietet den Gläubigen, sich öffentlich durch die Taufe zu Ihm zu bekennen und sich mit Ihm und dem Volk Gottes zu identifizieren (Mt. 28,18-20; Apg. 8,36-37).

Gemeinschaft mit einer biblischen Gemeinde

Es ist Gottes Wille, dass sich alle Gläubigen mit einer Gemeinschaft von gleichgesinnten Gläubigen vereinen (Hebr. 10,23-25). Zu den Kennzeichen einer biblischen Gemeinde gehört Folgendes:

- Sie stimmt der Irrtumslosigkeit und Allgenugsamkeit der Bibel zu.

- Sie schätzt, predigt und lehrt biblische Wahrheiten.

- Sie hält sich treu zum rechtgläubigen trinitarischen Christentum, wie es in den klassischen Glaubensbekenntnissen seit der Reformation formuliert wurde.

- Sie hat große Ehrfurcht vor Gott und ist sich der eigenen Sündhaftigkeit und Bedürftigkeit bewusst.

- Sie ist sich darüber einig, dass Christus und Sein Evangelium das Zentrum und das Wichtigste im christlichen Glauben darstellen.

- Sie hat ein biblisches Verständnis von der Bekehrung, die zu Buße, Glauben und Heiligkeit hinführt.

- Sie hält in der Furcht Gottes fest an einem bibelzentrierten Gottesdienst, im Gegensatz zum »besucherfreundlichen Gottesdienst«, der von Unterhaltung und Emotionalität geprägt ist.

- Sie verfügt über eine Leiterschaft aus Männern, die heilig, demütig und lehrfähig sind, die als Hirten ihr Leben für die Gläubigen, die unter ihrer Obhut stehen, einsetzen und sie seelsorgerlich erziehen.

- Sie vollzieht biblische Beratung und Gemeindezucht.

- Sie jagt der Christus-Ähnlichkeit, der Heiligung und der Liebe nach, indem sie über die eigene Unzulänglichkeit betrübt ist und sich weigert, sich selbst über andere gesunde und treue Gemeinden zu erheben.

- Sie verwirklicht ein sichtbares Engagement für Evangelisation und Mission.

- Sie lässt die Abhängigkeit von Gott durch regelmäßige, ernste Gebetstreffen deutlich werden.

Wachsen in der Heiligung

Die Bibel lehrt, dass Heiligung (unser persönliches Wachstum in der Heiligung bzw. in der Christus-Ähnlichkeit) der Wille Gottes ist (1.Thess. 4,3; Hebr. 12,14; 1.Pt. 1,14-16). Damit das in unserem Leben Wirklichkeit wird, dürfen wir nicht nachlassen, die Bibel zu lesen, zu beten, mit ernsthaft Gläubigen Gemeinschaft zu pflegen und uns von den sündigen Dingen dieser Welt fernzuhalten, wenn wir uns nicht davon anstecken lassen wollen (2.Kor. 6,14-7,1).

Dienst in der örtlichen Gemeinde

Die Bibel lehrt uns, dass jeder Gläubige Teil des königlichen Priestertums ist (1.Pt. 2,9). Jedem von uns sind geistliche Gaben (Fähigkeiten) gegeben, die zum Aufbau der örtlichen Gemeinde eingesetzt werden sollen (Röm. 12,4-8; 1.Kor. 12,4-7). Wir sollten nicht nur einer bibeltreuen Gemeinde beitreten, sondern ihr auch entsprechend unseren Gaben dienen. Der Dienst an der Gemeinde ist nicht nur auf die Hirten und Ältesten beschränkt. Der Dienst der Hirten soll alle Glieder dafür zurüsten, am Werk des Dienstes mitzuarbeiten (Eph. 4,11-12).

Dienst in Evangelisation und Mission

Es ist der Wille Gottes, dass das Evangelium von Jesus Christus allen Völkern und jedem Menschen unter dem Himmel gepredigt wird (Mk. 16,15; Lk. 24,47). Christi Befehl wurde »der große Auftrag« bzw. Missionsbefehl genannt (Mt. 28,18-20), und jeder Christ hat gemäß seiner persönlichen Begabung diesem Auftrag zu entsprechen. Darin ist eingeschlossen, sich für verfolgte Christen einzusetzen, denen beizustehen, die in Not sind, und Werke der Barmherzigkeit an denen zu wirken, die nicht glauben (Mt. 25,31-46; Gal. 6,10; Hebr. 13,3.16; Jak. 1,27).

UNSERE HOFFNUNG
UND UNSER GEBET FÜR DICH

Er Selbst aber, der Gott des Friedens,
heilige euch durch und durch,
und euer ganzes [Wesen], der Geist,
die Seele und der Leib, möge untadelig
bewahrt werden bei der Wiederkunft
unseres Herrn Jesus Christus!

1. Thessalonicher 5,23

WEITERE TITEL
dieser Buchreihe

Gemeinde und Mission
Bestell-Nr.: 875.212

Sind dies die letzten Tage?
Bestell-Nr.: 875.280

Sünder in den Händen eines zornigen Gottes
Bestell-Nr.: 875.214

Was ist biblische Verkündigung?
Bestell-Nr.: 875.213

Was ist ein Christ?
Bestell-Nr.: 875.277

Der Weg zum Frieden
Bestell-Nr.: 875.238

Bist du von oben geboren?
Bestell-Nr.: 875.296